SERENATA DE HUESOS

(poemas, variaciones
y fragmentos)

Natxo Vidal

COLECCIÓN ITES

SERENATA DE HUESOS
(POEMAS, VARIACIONES Y FRAGMENTOS)

© Natxo Vidal
© Prólogo: Luis Alberto de Cuenca
© Corrección: Isabel Caballero
© de esta edición: Olé Libros, 2025

ISBN: 979-13-87620-85-1
Depósito legal: V-2930-2025
Impreso en España

KALOSINI, S. L.
Grupo editorial olé libros
equipo@olelibros.com
www.olelibros.com

Para Raquel

PRÓLOGO

Durante años he seguido con atención e interés la trayectoria poética de Natxo Vidal, y he podido comprobar cómo su línea de trabajo crece en calidad sin cesar, lo mismo que en sus obras en prosa. Natxo es de Monóvar, la patria chica de Azorín, y como soy de los que piensan que la literatura española contemporánea no sería lo que es si José Martínez Ruiz no hubiese existido, tiendo a pensar que hay en el autor de *Serenata de huesos* una deuda contraída con el autor de *Castilla*, y ello a pesar de que Azorín no escribió poesía y de que los estilos de ambos escritores son radicalmente diferentes. De lo que no me cabe la menor duda es de que ambos comparten la fascinación por la lectura y que probablemente hubiesen suscrito la máxima de Borges de que leer es la operación principal que deben practicar los devotos de la literatura, y que escribir es un acto secundario (pero que, al mismo tiempo, resulta imprescindible en la medida en que sería imposible ponderar por encima de todo la lectura si no existiese el material escrito suficiente para justificar esa predilección).

Natxo también es músico, lo que le va muy bien a su poesía, que acusa un ritmo mantenido de principio a fin. No me olvido de que en 2012 redacté unas palabras preliminares a su libro *Sal en los ojos,* que publicó mi querido amigo Abel Feu dentro de su impecable editorial Los Papeles del Sitio, y que lo hice porque me gustó la *maniera* de Natxo Vidal, su estilo, su voz, su forma de abrirnos de par en par su alma con el solo utillaje de sus versos, que presentaban un escenario creativo prometedor. Y así ha ocurrido con otros libros intercalados entre esta *Serenata de huesos* y aquella *Sal en los ojos*, como *La niña que jugaba a la pelota con los dinosaurios*, una delicia lúdica auspiciada por Huerga & Fierro. Y así ocurre, sin lugar a dudas, con el libro presente, que persiste en el dibujo de una trayectoria ascendente en la producción poética de su autor. Doce, casi trece, años han pasado desde que se imprimió mi primer prólogo al poeta monovero. Si he repetido, será por algo. Y ese algo tiene que ver con el buen rato que paso siempre cuando me acerco a la poesía de Natxo. De ahí que les recomiende su lectura sin un solo segundo de vacilación.

Luis Alberto de Cuenca
Real Academia de la Historia

Este, se me ocurre, será un libro hecho aparentemente de restos de libros. Pero en realidad se trata de retratar rápidos vislumbres míos [...]. Podría coger cada vislumbre y disertar durante páginas sobre él. Pero ocurre que es en el vislumbre donde está a veces la esencia de las cosas. [...] El instante ya está hecho de fragmentos.

CLARICE LISPECTOR, EN *UN SOPLO DE VIDA*

Como punto de partida adoptemos la tesis de que, antes de empezar a hablar sobre el fragmento, hay que decir algo sobre el todo; de que, por tanto —independientemente de lo que se pueda decir sobre el todo—, el fragmento es un no-todo.

KAZIMIERZ BARTOSZYNSKI, EN *TEORÍA DEL FRAGMENTO*

Serás
huesos y polvo,
bajo la tierra húmeda:
oscuro diapasón,
canción de arena.
Anidarán los topos a tus pies,
como un *ballet*
de bailarinas torpes,
y seguirán tus dedos
jugando con el agua,
los domingos de lluvia.

Conservarás y no
conservarás tu rostro.

Serás y no serás,
debo explicarme,
como ese gato cuántico:
igual que las perdices cuando pasan
volando sobre un río y se reflejan.
Y alguien preguntará por ti
alguna vez,
en una fiesta, por ejemplo,
inevitablemente.

Te quedarás ahí, quién sabe
cuánto tiempo, en mitad de las cosas,
detenido e inmóvil,
como un niño
perdido entre la muchedumbre.

Y en otro sitio, lejos,
al alba de algún día,
cuando los dos seamos, solamente,
un puñado de letras
escritas en el mármol,
volveremos a vernos, tú y yo:
canción de arena, juntos,
bajo la tierra húmeda.
Serenata de huesos,
cascaruja.

Cuando por fin, allá, concluido el instante de la última tierra,
cumplida su conquista, seamos uno en el hundirnos para siempre...

RAFAEL ALBERTI, EN *LA ARBOLEDA PERDIDA*

Debí mostrarte antes
esos esclavos
a medio terminar de Buonarroti,
para que lo entendieras.
Para que nos pudieras ver en ellos,
al mirarlos, imperfectos y hermosos:
completamente inacabados,
si es que eso es posible.

Debí mostrártelos
entonces,
hundidos en la piedra, cuando aún
estábamos a tiempo.

(HÚMERO, VARIACIÓN)

Para poder probar
los agradables frutos de la carne
me demoré en la luz
cuando ya luz no era.

Apuré la cogienda, caminando
únicamente
por las ramas más altas.
Por las más peligrosas.

Libé la miel,
como quien suelta un pájaro.

Ahora
solo la piel conoce la distancia.

(Trapecio, variación)

No quiero más que estar sobre tu cuerpo
como lagarto al sol los días de tristeza.
José Ángel Valente, en *Mandorla*

Marco en mi cuerpo cómo crece la casa.

(Primera falange, fragmento)

Me invitaste a beber
de los secretos jugos de tu cuerpo.
Y yo acerqué mi boca, dulcemente,
hasta posarme en ti,
como la luz se posa encima de
las cosas.
Como se posa el polvo
sobre los viejos libros.
Como la nieve cae
sobre la nieve,
sin que nadie la escuche:
para ser nieve, primero,
y después agua.

(CUBOIDES)

Estabas desleída en la dulzura
de los secretos jugos de tu cuerpo.

JOSÉ ÁNGEL VALENTE, EN *FRAGMENTOS DE UN LIBRO FUTURO*

Como la sombra
también yo
abrazo lo que amo.

(Ilion, variación)

~~El demonio tienta en el desierto, pero tienta más el desierto que el~~
~~demonio. El demonio es una excusa para perderse en el desierto.~~
~~La vacuidad de un desierto que en su vaciamiento nos va~~
~~evidenciando el evanescerse último de todas las cosas.~~
~~El desierto también es lo imposible. Y por eso atrae.~~

El demonio es una excusa para perderse en el desierto.
DARÍO SZTAJNSZRAJBER, EN *EL AMOR ES IMPOSIBLE*

Y qué esperabas.
Durante mucho tiempo
nos dejamos caer por la pendiente.
Abusando de todo,
como en esas comidas
en las que casi nunca paga nadie.
Sin mirar el reloj, jamás,
ni el calendario.
Creímos que París era una fiesta
solo porque lo había escrito alguien.
Porque la vida eran los libros,
la música, los discos, las canciones.
Las copas, las guitarras, los poemas.
Pero no puedes escapar del fuego
corriendo hacia el incendio.
Ni entrar al mar
para escapar del agua,
huyendo de la lluvia.

Y nos equivocamos tanto.

No era morir
lo que debía darnos miedo
sino esto.

(FÉMUR)

No es preciso que quieras:
siempre amanece.

(Nasal, variación)

Puede que los viera por primera vez en 2004, en la ciudad de Nueva York. Todos esos cuadros azules de Yves Klein. Todos iguales, uno al lado del otro. Todas esas mujeres, rodando por el suelo embadurnadas de un azul intenso. Aquella historia de los precios distintos al subastarlos: primero los más caros, siempre, luego los más baratos, a pesar de que todos eran exactamente iguales. Al volver a la calle le pregunté si le habían gustado. Ella dijo algo como pssssffff. Son del color del cielo, le dije. Y a ti siempre te ha gustado el cielo. Entonces, ella me dijo que el cielo no tiene color. Son tus ojos, me susurró al oído, y no el cielo. Parece mentira que seas poeta. Luego anduvimos arriba y abajo, mirando escaparates. Besándonos. Haciéndonos fotografías. Y así hasta hoy, veinte años después. Hace ya tiempo que no le digo nada, algunas tardes, cuando el cielo se pone de ese color azul. Por si acaso tuviera razón. Por si fueran mis ojos.

(OCCIPITAL, VARIACIÓN)

Dentro de ti soy agua
igual que el agua es tiempo
dentro de la clepsidra.

(PUBIS)

Solamente los pájaros
no necesitan escaleras
para besar a las jirafas
en la frente.

(SEGUNDA FALANGE, VARIACIÓN)

Ayer,
mientras dormías, puse
mi oído encima de tu pecho.
Y se escuchaba el mar,
con su rumor de conchas arrastradas:
ir y venir,
llegar,
volver.
Ir y venir,
llegar,
volver
a irse.

El mar
adentro de tu pecho,
como en las caracolas.

(**ASTRÁGALO**)

El árbol
desconoce su nombre, su linaje
de polen y de savia
atravesando el tiempo.
Frutece sin querer,
en la estación propicia:
sin poder evitarlo.
Y no sabe de amor
ni de la lluvia.

Y no sabe del árbol.

Además, su sombra no le pertenece:
es de los pájaros.

(ESCAFOIDES,
APUNTES PARA UNA VARIACIÓN)

Pienso, muy a menudo,
en el bueno de Kafka, siempre
de sufrimiento en sufrimiento.
También en Sísifo,
empujando la piedra sin descanso.
En toda esa desgracia.
En *Lady Halcón.*
En ese instante
de luz que los aúna:
el beso, el alba,
la piedra detenida.
Solo un segundo de felicidad
en cada intento.
Y a veces,
aunque no te lo creas,
pienso que eres feliz conmigo.

Luego la piedra cae,
ladera abajo.
Luego amanece.

(TEMPORAL)

Ya no viene a mí la luz como solía.

JOSÉ ÁNGEL VALENTE, EN *FRAGMENTOS DE UN LIBRO FUTURO*

Éramos canto, entonces.
Ahora somos pájaros tan solo.

(Tercera falange, fragmento)

Es poco lo que sé explicar sin mencionar a los pájaros.
Natalia Litvinova, en *Todo ajeno*

A mi abuela le encantaba jugar a la Muerte (el 00) y a la Agonía (el 99), pues así es como la tradición llama a los números que tienen esas terminaciones. La Mierda (el 86), el Canario (el 59), el Negro (el 41), las Banderas (el 77) o las Mamellas (el 88) eran algunos otros de los números más populares. Nene, me decía, corre al quiosco y tráeme la Muerte. Ahora, que ya está muerta, apuesto a que le gustaría jugar al Sol (el 2) o a las Palmeras (el 85). A la Paella (el 63), a la Rosa (el 10) o a las Cerezas (el 14). Pero ya no es posible. Un martes le tocó la muerte. La de verdad. Y, desde entonces, no ha cambiado de número.

(CÚBITO, VARIACIÓN)

De lejos, un verso también es un horizonte.

(Cuarta falange, variación)

Cuando lleguemos al postrero día
y suenen los violines,
o lo que sea, yo qué sé,
que suena
cuando se acaba un mundo y nada empieza,
espero que tú y yo nos levantemos,
y muchos con nosotros, apartándonos
la tierra de los ojos,
convertidos en viento los pulmones,
para abrazarnos otra vez,
menuda fiesta,
después de tanto tiempo y por vez última.

Entonces
será el entrechocar de huesos,
la melodía
aún sin nombre de las osamentas
trabándose entre sí, tratando de
reconocerse:
en pie
los cuerpos otra vez, ligeros y
vacíos.

Como las caracolas
mecidas por la brisa, golpeándose
en esos sonajeros que el verano
hace sonar encima de las puertas:
ese será
clac-clac
clac-clac
clac-clac
el último sonido de la Tierra.

(VÓMER)

Cuando muera un pájaro enseguida se abrirá en el cielo un agujero.
ZBIGNIEW HERBERT, EN *HERMES, EL PERRO Y LA ESTRELLA*

Quiero partir.
Alejarme, remar.
Dejar que partas.
Abandonar la casa y ofrecer
el hígado a la roca,
la roca al águila
y el águila a la herida,
para empezar de nuevo.

Me gustaría, ya lo sabes,
que me pidieras opinión
sobre los árboles, por decir algo.
O sobre el agua.
O sobre el canto de los pájaros,
para medir en sílabas
la herida que me dejas.

Que me pidieras opinión,
alguna vez.
Eso me gustaría.

(PRIMER CUNEIFORME)

Ya no recuerdo si me dio vergüenza.
Sé que asomé el trombón
por la ventana
y que toqué muy fuerte:
el sol, la confusión, los gritos,
las músicas mezclándose.
La cabra,
trastabillando sobre la escalera.

Sobre todo
me acuerdo de la cabra.

Puede que fuera invierno.
En cualquier caso, tú
aún no estabas en mi vida.

(CIGOMÁTICO)

Así canto, sin saber a qué. Como un pájaro ciego.

(Quinta falange, fragmento)

Una sola vez estuvimos en vía Garibaldi, junto a la puerta verde de la casa. Lo recuerdo todo: el Tíber, dos calles más abajo, la hermosa plaza de santa María, el suelo adoquinado del Trastévere. La sombra del poeta todavía allí, de pie sobre el portal, bajo el 88, como en aquella fotografía en blanco y negro. Leímos en voz alta (yo, tú, ellas) algunos versos sueltos, escogidos al azar de entre sus *Versos sueltos de cada día.* Esa maravilla. Luego Alberto, años más tarde, me contó que arriba, en el segundo piso, colgaron un cartel en la puerta con las palabras «No se escriben prólogos», cuando España entera cabía en un salón romano, muy cerca de la villa Farnesina. Una vez estuvimos en vía Garibaldi, junto a la puerta verde de la casa.

(SEGUNDO CUNEIFORME)

Me quieres
porque puede quererse una ciudad
después de un bombardeo.
Sin conocer sus cúpulas.
Sin haber visto el oro
brotando de las fuentes con estatuas,
al otro lado de los ventanales.
La música escapando
de los conservatorios.
Los puentes y las bibliotecas.

Puedes quererme así,
sin que te haya mostrado, nunca,
todo lo que me hacía hermoso.

Y eso es un milagro.

(PRIMER METATARSIANO)

Muy al principio,
la muerte tiene forma de semilla.

(SEXTA FALANGE, FRAGMENTO)

Dentro de poco
el agua,
como en aquel poema de Valente,
te mojará los huesos.
Y danzará la lluvia entre la hierba,
a los pies de tus pies,
como danzan las niñas
al salir de la escuela: sin llevar
la cuenta de los pasos.
Y servirán
tus pies, la tierra,
la lluvia entre la hierba, la carne deshaciéndose
como alegres soldados
para la primavera, nuevamente.

Vida serás, de nuevo, en otras vidas.
Vida otra vez,
pero hacia dónde.

(RADIO)

Deberíamos ver
Melancolía juntos.

(Séptima falange, fragmento)

~~La poesía, lo entenderé después, no tiene interés en temas ni en~~
~~personajes. No cuenta historias. No inventa mundos.~~
~~En el ruido de hoy, da a escuchar un silencio.~~
~~No se puede dormir sobre un volcán.~~

Toda innovación se ejerce, sitiando las trincheras de un centro,
desde una periferia fragmentaria.

María Negroni, en *El corazón del daño*

Sé que salimos a la terraza, aquella noche de 1986, para ver cómo el cometa Halley atravesaba el cielo. No lo recuerdo todo, si es eso lo que importa. A decir verdad, no recuerdo prácticamente nada. Los tejados, tal vez, un perro, unas pocas macetas. Pero estoy seguro (*ahora* estoy seguro), después de tanto tiempo juntos, de que aprovechaste el momento para decir algunas cosas. Para que yo también las dijera. Cosas sobre el futuro. Sobre nosotros dos. Proyectos, planes, juramentos. Pronto serás un hombre y esas cosas. Ya sabes: el pacto del cometa. Entonces lo vimos atravesar el cielo, igual que un autobús de plata hundiéndose despacio en el océano. Al final, solo una cosa de las que dijiste, de esa sí me acuerdo, se acabará cumpliendo. La única que no depende de nosotros: no vas a estar, es cierto, cuando el cometa vuelva.

(Segundo metatarsiano)

*... sus proyectos
para hoy,
sus sueños para ayer y sus deseos
para nunca jamás.*
José Ángel Valente, en *A modo de esperanza*

43

Dejar tan solo un cuerpo,
deslavazado y roto.
Algunos pocos huesos, solamente,
dentro de un traje de chaqueta
y memoria ninguna.

Un cascarón vacío.

Lo aconsejable. Nada.

(**Lagrimal**)

Cuando amanezca *el día*
y el alba se presente, al fin,
ante nosotros
con su capucha blanca
después, tan solo, de una noche,
de unas horas apenas
en el reloj del mundo.
Cuando amanezca *el día*,
cuando su luz primera
haga brillar de nuevo el pecho de
los pájaros,
en las ramas más altas,
el escaso rocío en las aceras
(se está perdiendo ya
hasta el rocío),
y les quepan a todos, aún,
las horas en los dedos de las manos.
Dirán, entre el asombro y la costumbre,
que te vieron ayer.
Pero de ayer a hoy,
cuando amanezca *el día*,
habrá pasado ya una vida entera.

(**Pisiforme**)

Mira los versos que he encontrado hoy:
«Los muertos no defraudan. Puedes contar con ellos.
Si tú no los olvidas, ellos no te abandonan».
Eso
es justo lo que espero:
recordarte para que no me olvides.

(TERCER METATARSIANO, *COLLAGE*)

Empatar,
como los pájaros empatan con el agua.

(Octava falange, variación)

He soñado contigo
escarbando la tierra.
Con góndolas de arena, deshaciéndose.
Con pájaros que cantan,
he soñado,
cuando ya están muertos.

(Cuarto metatarsiano, fragmento)

En el colegio aprendí que la línea más corta entre dos puntos es la que no se traza. Así tu corazón y el mío, unidos para siempre por la línea más corta.

(NOVENA FALANGE, VARIACIÓN)

> *... Pasó luego una nube*
> *y el estanque quedó vacío...*
> T. S. ELIOT, EN *BURNT NORTON*

La muerte no me asusta. Es estar muerto lo que me da miedo.

(DÉCIMA FALANGE, FRAGMENTO)

Has acabado ya tu casa,
como en aquel proverbio,
y la muerte ha entrado.

(QUINTO METATARSIANO, VARIACIÓN)

Nada de trucos de poeta. Solo
tu corazón y el mío,
latiendo a ritmos diferentes.
Un encabalgamiento en
algún sitio
y mi dolor y el tuyo,
como dos ríos paralelos que
nunca se juntan.

(COXIS)

Qué dejas,
más allá de tu cuerpo,
ahora
solamente
un manojo
de huesos
desmigándose.
Cómo deseas que
te recordemos, cuáles
quieres que sean
tus últimas palabras.

Qué hay
detrás del mar, al otro lado de
la lluvia. Cuántas puertas
habrá que abrir hasta la puerta última.

(CALCÁNEO)

Me gusta estar de nuevo acá,
me decís ahora
pero yo ya estoy del otro lado.
NURIT KASZTELAN, EN *DESPUÉS*

Como si yo
fuese capaz de amarte
y no quisiera.

(Undécima falange, fragmento)

Si se acaba conmigo, si
no estoy dispuesto a ser
lo que esperabas.
Si la cuerda
termina por romperse justo
por donde tú y yo
la tenemos cogida.
Y si la sangre,
después de todo,
no es más que un líquido
espeso
con el que no deseas ensuciarte.

Entonces qué.
Entonces
qué.

(SEMILUNAR)

Pero los ojos se habitúan a un paisaje,
lo incorporan poco a poco a sus costumbres
y a sus formas cotidianas y lo convierten finalmente
en un recuerdo de lo que la mirada, alguna vez, aprendió a ver.

JULIO LLAMAZARES, EN *LA LLUVIA AMARILLA*

Supuse que habrías preparado alguna excusa. Lo que tú llamarías un motivo. Pensé, incluso, que me contestarías citando a Gamoneda, sin saberlo. Algo sobre la luz y el vértigo. Sobre la indiferencia de quien espera solo noticias ya sabidas. No sé. Algo, tal vez, sobre tu corazón, ligeramente húmedo. Unas palabras, me puse a imaginar, sobre nosotros. Pero me equivocaba. Solo viniste y te volviste a ir. Y eso fue todo.

(SEXTO METATARSIANO)

No recuerdo que nunca
te interesara la resurrección.
Pensar en el futuro solo
en subjuntivo.
Ahora, sin embargo,
es un asunto recurrente.
Y te pasas el día
cuchicheando sin parar,
moviendo
los labios en silencio,
como quien no desea que lo escuchen.
Pidiendo algunas cosas, dices,
haciendo
pequeños gestos con las manos.

No tengo nada que objetar
excepto
que, para consolarte,
me digas una y otra vez
que yo también me moriré algún día.
Como si eso te ayudara en algo.
No sé quién es, me dices,
pero sé que me escucha.
Pues háblale, te digo.
Todos lo hacemos,
te lo aseguro, cada cual
a su manera.

Despúes,
mientras me marcho, dándote la espalda,
te digo muy bajito,
por si te ayuda, tú
lo llamas Dios,
Ernesto Cardenal cigarras.

—¿Qué?
—Nada. Tontunas de poeta.

(ESFENOIDES)

Alguien
ha puesto sobre mí tu mano.
Ha posado tu piel
sobre la mía.

Pero no eras tú.

(SÉPTIMO METATARSIANO, FRAGMENTO)

Vivir es fácil. Arduo sobrevivir a lo vivido.
JOSÉ ÁNGEL VALENTE, EN *NO AMANECE EL CANTOR*

La vida te abandona, gota a gota, como abandona el agua los carámbanos, cuando amanece. Así es como caes de ti, un poco cada día, hacia tu sombra.

(DUODÉCIMA FALANGE)

Un día
tu cuerpo dejará su espacio
a las palabras.

Y te aparecerás así,
de vez en cuando, entre nosotros,
suspendido en el aire.

Tan solo vibración, eso serás.
Como el canto de un pájaro
resonando en el valle
cuando ya se ha ido.

(Isquion, variación)

Se hizo
el cuerpo la palabra
y no lo conocieron.

José Ángel Valente, en *El fulgor*

Como en ese pasaje
de *La lluvia amarilla*
(he leído
ya
dos veces ese libro), también yo
he dejado de verte.

Ahora
ya solo te recuerdo.

(Octavo metatarsiano, variación)

No digo nada nuevo, ya lo sé.
Son necesarios muchos pasos
hasta alcanzar la orilla,
pero basta con uno,
es necesario un paso solamente,
para entrar en el agua.

Con un pequeño paso: así
termina todo.

(PALATINO)

Hora en que la yerba crece
en la memoria del caballo.
El viento pronuncia discursos ingenuos
en honor de las lilas,
y alguien entra en la muerte
con los ojos abiertos
como Alicia en el país de lo ya visto.

ALEJANDRA PIZARNIK, EN *INFANCIA*

Hace ya mucho tiempo
que no vemos lo mismo,
tú y yo,
cuando miramos, por ejemplo,
un pájaro.
Ya sabes:
todo ese asunto de los bosques y
los árboles.
jugando al escondite.
Quisiera,
si fuésemos capaces de encontrar
el modo,
volver a negociar contigo
como negocia el agua con la orilla,
para trazar su curso.
La hormiga con el pan, el pan
con el caballo azul del hambre y con
la espuma.
Quisiera,
aunque parezca tarde,
hablar un poco sobre el equilibrio,
el oropel oscuro de la farsa
y la virtud dudosa
de hacerse con un nombre entre los nombres.
De esta impostura atroz, en suma,
de la que participo
al escribirte.

Dicen
que un hombre repetido no es un mundo.
Y que los cactus ya están muertos
tres meses antes
de que nos demos cuenta.

Y se me ocurren un montón de versos,
pero ningún poema. Créeme:
no ha sido fácil
fracasar así.
Han sido necesarios mucho esfuerzo,
mucha dedicación,
muchísimo trabajo.
Tu empeño y mi constancia, nuestra
disciplina.
Y todo
ese artificio absurdo de las cosas.

También lo sé:
todos lo hacemos lo mejor posible.
Al fin y al cabo, nada
de lo que de verdad importa
(la sangre, los pulmones,
el imparable flujo de la vida
pasando
de corazón a corazón)
depende de nosotros.

Venga.
Deja que te acompañe.
Salgamos.
Caminemos un poco, tengo tiempo.

(NOVENO METATARSIANO)

Te irás
y dejarás tu cuerpo entre nosotros
como quien, al mudarse,
deja la casa llena de cacharros,
a sabiendas
y sin pensar en nadie.

Luego tu cuerpo partirá también.

Y serás un recuerdo,
al principio.
Y después nada.

(TRAPEZOIDE)

Las pocas veces
que he sido feliz
he tenido profundo miedo...
CRISTINA PERI ROSSI, EN *ESTRATEGIAS DEL DESEO*

Creíamos
que nuestros sentimientos
eran una tragedia insuperable,
hasta que lo supimos:
no sentir nada es lo peor de todo.

(**DECIMOTERCERA FALANGE**)

Solo mantén la calma
y piensa
qué demonios haría en tu lugar
Sofia Coppola.

Verás como todo se arregla.

(DECIMOCUARTA FALANGE,
FRAGMENTO PARA TOMAR AIRE)

Todo el mundo lo sabe: nadie hace planes en Nápoles, ante la posibilidad de que el volcán estalle. Un lunes, un jueves, un sábado cualquiera. De modo que trabajan, estudian, contemplan la bahía, cocinan o se aman como si cada día fuera el último, por si acaso. Y mientras tanto, les ponen velas a los santos. Oropeles y joyas a san Genaro, los que pueden, por el milagro de la sangre, brillante y luminosa cada diecinueve de septiembre. Trozos de pan y de cebolla, los más menesterosos, juguetes rotos a Diego Armando Maradona, patrón zurdo del sur, protector de los humildes y los marginales. Santo venerado por hacer posible la dignidad de un pueblo frente a la ignominia. Allí, en Nápoles, en una pequeña taberna del barrio español, escuché la historia por primera vez: que fue el mismísimo san Genaro, confundido entre la multitud de camisetas, bufandas y banderas del San Paolo, quien inició los cánticos a favor de Argentina en aquel partido.

(GANCHOSO)

Una vez vi caer
las hojas de los árboles
en el otoño dulce de Manhattan,
en la ciudad de Nueva York,
hace ya mucho tiempo.
«En esta encrucijada,
flagelada por vientos de dos ríos
que despeinan la calle y la avenida».
Creedme: fue
un espectáculo hermosísimo.

Años más tarde,
en el vapor de otra ciudad,
en otras avenidas,
en la penumbra
igualmente dulce de un hotel
sin nombre,
vi cómo te quitabas el vestido:
demorarse tu blusa, lentamente,
entre el suelo y tus hombros.
Caer
como un otoño líquido de hojas
de vainilla francesa.

Dicen que fue en Berlín, pero no es cierto.
Es imposible.
Berlín no es tan bonito.

(DÉCIMO METATARSIANO)

Que agosto era un lugar cualquiera, solamente.

Que la mitad de dos no es uno sino nada.

Que es posible el amor, pero no existe.

Que no se puede ver el interior si no hay herida.

(DECIMOQUINTA FALANGE)

Irme de mí, dejarme.
Igual que el hombre que abandona un pueblo
para empezar de nuevo en otro sitio.

(TERCER CUNEIFORME)

Al pájaro que fuiste dedicas este canto.
JOSÉ ÁNGEL VALENTE, EN *FRAGMENTOS DE UN LIBRO FUTURO*

Él ya no es él, le dije. Es el nombre que toma la memoria.
JOSÉ ÁNGEL VALENTE, EN *FRAGMENTOS DE UN LIBRO FUTURO*

Tampoco el cielo sabe que es hermoso.

(Decimosexta falange, variación)

Es cierto.
Algún día terminará la lucha.
Pero cuándo. O dónde.
O con qué resultado.

Nadie lo sabe.

Cuáles serán las letras, las palabras,
que darán nombre a la victoria última.
Cuáles, al fin, las causas triunfadoras.
La brega proletaria.
La paz, el trigo, la justicia.
El vals sin corazón de las monedas.
O puede que la rosa.
La rosa, solamente,
igual que en esos versos
de William Carlos Williams:

«Tarde o temprano
llegaremos al final
de la lucha

para restablecer
la imagen la imagen de
la rosa

pero aún no».

Así será.
Terminará la lucha.
Se bordarán algunos nombres,
otra vez,
en las solapas negras de la historia,
con dorados cordeles.
Y todo seguirá su curso,
para empezar de nuevo:
los gorriones, abril,
el tren, las estaciones, los satélites.

Así será.
Algún día terminará la lucha.
Pero no
aún.
Pero no
hoy.
Pero no todavía.

(MANDIBULAR)

Solo la música
la técnica
la pólvora

la química y el éxtasis

Solo lo níveo
lo trágico
lo próximo

la métrica y el vértice

Solo lo mítico
lo único
y lo célebre

el látigo y la cúspide

Solo la lágrima
y el sépalo y
la lógica

y el cántico y el vértigo

Solo lo esdrújulo.

(DECIMOSÉPTIMA FALANGE)

~~En la noche se abrazan las sombras, sin que nos demos cuenta.~~
~~Otros cuerpos, cuando está oscuro, se abrazan al nuestro,~~
~~pero sin nosotros. Así es como ocurre. Así como crecen las~~
~~sombras.~~

~~En la noche se abrazan las sombras, sin que nos demos cuenta.~~
~~Cuando está oscuro otros cuerpos se (abrazan) juntan con el~~
~~nuestro, pero sin nosotros. Así es como ocurre.~~

En la noche se abrazan las sombras, sin que nos demos cuenta. Y otros cuerpos se juntan con el nuestro, pero sin nosotros. Así es como ocurre. Así como la oscuridad avanza.

(Decimoctava falange, variación)

El abrazo que la sombra tiende a lo que ama.
María Negroni, en *Oratorio*

1978, el año que nací, empezó en domingo. De ahí mi tendencia natural a la holgazanería.

Presenció el nombramiento de Albino Luciani como papa, bajo el nombre de Juan Pablo I, el último de una larguísima serie ininterrumpida de pontífices italianos que había comenzado en 1523. Juan Pablo I fue el primer papa nacido en el siglo XX, centuria que, sin embargo, no vio terminar. Su pontificado apenas duró treinta y tres días, de ahí mi apacible querencia por lo efímero.

Por último, 1978 vio como Jorge Rafael Videla, teniente general del Ejército argentino, declaraba inaugurado el «Mundial de Fútbol de la Paz» en el estadio de River Plate, a menos de un kilómetro de la ESMA, donde los torturados echaban espumarajos de sangre por la boca al celebrar los goles de Mario Alberto Kempes. De ahí mi inclinación inquebrantable hacia lo absurdo.

Nací el mismo día que Leonard Bernstein.

(MAXILAR)

El tiempo se ha plegado, en ti,
sobre sí mismo.

Ahora
eres lo que pasó.
La detenida luz
que todavía queda
de la estrella que fuiste.

Eres ayer,
«arriba, excursionistas»,
amaneciendo siempre.

(DECIMONOVENA FALANGE, FRAGMENTO)

En los ojos de la gente puede verse lo que verán, no lo que han visto.

ALESSANDRO BARICCO,
EN *NOVECENTO, LA LEYENDA DEL PIANISTA DEL OCÉANO*

Ya no recuerdo el pájaro que fui. Pero igualmente canto.

(VIGÉSIMA FALANGE, FRAGMENTO)

Yo
haré que pase,
cuando llegue el momento.
Confía en mí.
No hace falta ser Dios
para quererte.

(RÓTULA, VARIACIÓN)

Igual que a todo el mundo
también a mí
me gusta oler mi propia mierda.

Y recoger jacintos,
esas piedras de cuarzo
acabadas en punta.

Siempre es de noche
si vas a la velocidad precisa.

**(Vigesimoprimera falange,
fragmento para una poética)**

*En este sentido, la obra más resueltamente fragmentaria
puede ser perfectamente presentada como la Obra total.*
Gilles Deleuze y Félix Guattari, en *Rizoma*

Te veo leer mis libros preferidos y siento que es a mí a quien miras.

(Vigesimosegunda falange, variación)

Al enemigo ofrezco mi silencio:
esa será
mi resistencia última.
Un armisticio sin palabras.
Únicamente
la oscuridad que somos,
agitada en la sombra.

A la nada me entrego y al vacío,
como los peces muertos.

Hace ya mucho tiempo que no llueve.

(ETMOIDES, VARIACIÓN)

Vienen y van los pájaros por mis poemas. Sin que yo quiera, sin que yo los llame. Es decir: se me aparecen. Así, sin avisar, como recién llegados de algún sitio. Sus tres pequeñas sílabas sobre el papel, aquí y allá, igual que puntos negros en el cielo.

(Vigesimotercera falange, fragmento)

En poesía todo lo que está acabado puede estar incompleto, y todo lo incompleto formar, en realidad, algo acabado.

Friedrich Schlegel, en *Athenaeum*

Tuve tres perros que
ahora son
enamorado estiércol.
Fragmentos
que el arado remueve
cada tanto, debajo de la tierra.
Sé dónde están.
Sé cuáles son los árboles
que toman su alimento de sus huesos.
La gleba con el tacto
de lo que fue su carne.

Por eso
allí,
algunas veces,
vienen a mí las flores
cuando silbo.

(TIBIA)

Has salido a la lluvia
como salen los pájaros,
sin protección alguna. Solamente
para llorar un poco,
sin que nadie lo note.

Así tus lágrimas,
mezcladas con el agua cuando vuelves,
apenas nada en la extensión total
del llanto.

(VIGESIMOCUARTA FALANGE)

Convergencia. La hoja cae sobre la hoja.
La lluvia en la extensión total del llanto.

JOSÉ ÁNGEL VALENTE, EN *NO AMANECE EL CANTOR*

Volví a mirarte durante el desayuno. Nos habían invitado a desayunar entre los almendros. No os podéis perder la floración, ponía en el mensaje. En efecto, había flores rosas, y blancas, colgando de los árboles, y el sol caía lentamente sobre la tierra húmeda, recién amanecida. Alguien había ya encendido el fuego. Todo invitaba a la vida, es cierto: el cielo, las escasas nubes, el vino, los amigos, la conversación. Algo mágico flotaba en el ambiente. La luz reverberaba en tu cabello, ahí, en mitad de todo, como en las plumas de un pájaro dorado. Entonces me acordé de aquellas palabras. Otro las había escrito antes para ti, sin saberlo. Solo para que yo te las dijera. Estás tan guapa como siempre, te susurré al oído. Es decir: más hermosa que nunca. Eso te dije. Tú sonreíste y los almendros siguieron con su canto.

(Peroné)

... y ¿quién más pobre
que aquel que ama
en primavera?...
William Carlos Williams,
en *La música del desierto y otros poemas*

Por tu cintura pasa un río.

(Vigesimoquinta falange, fragmento)

No creo en el Apocalipsis, pero ya casi no veo pájaros.

Elisa Díaz Castelo, en *Principia*

Es cierto:
es dueño el ruiseñor
de un canto muy hermoso.
Pero hacen falta un árbol,
una rama desnuda
para que su garganta se desteja,
como un manto dorado,
encima de las cosas.

Quisiera yo ser esa rama,
ese brazo, tan solo,
deshojado y desnudo
para el pequeño pájaro
de la poesía.

El árbol solamente,
eso quiero ser yo,
donde cante el poema.

(TEMPORAL,
FRAGMENTO PARA UN MANIFIESTO)

Sé que verás el mundo
porque ya está en tus ojos.

(Vigesimosexta falange, variación)

No basta con vivir.

Es necesario renacer, cambiar.
Ser otro, sin dejar de ser el mismo.
Mudar la piel, al fin, y comprender
que ayer son solamente cuatro letras.

Es necesario convertirse.
Salir para volver a entrar
y regresar, digamos,
a nuestro propio cuerpo
como regresa un muerto de la muerte
(algunas veces pasa)
en los parques municipales con
piscina:
para empezar de nuevo.

Es necesario desprenderse,
desaprenderlo todo.
Olvidar la crisálida,
el calor de su seda.
Hacer de los aromas la memoria.
Abandonar la cáscara y trepar
igual que trepan los gusanos ciegos,
hacia ninguna parte.

Y, finalmente,
es necesario
tomar partido cada día,
justo cuando los pájaros
regresan a los árboles.
Cuando la luz, efímera,
se inclina hacia la sombra y todo,

durante un tiempo,
está lejano o próximo,
apenas
a un brazo de distancia:
la claridad a un lado,
igual que un don
que se entrega sin nombre,
al otro lado nada,
con su pulsera verde de pensión
completa.

Así que no.
No basta con vivir.
Vivir no es suficiente.

(Navicular, variación)

~~No basta con vivir,~~
~~quiero mi parte de Victoria y Soledad.~~
~~Andrés Calamaro, en *Victoria y Soledad*~~

A veces, pensaba en la novela Giovanni's Room de James Baldwin.
En la frase que un amigo le dice al protagonista expatriado en París.
«Mejor no vuelvas;
conservarás por más tiempo la ilusión de tener una patria».
María Negroni, en *El corazón del daño*

Nunca te ha perseguido nadie.
Ahora ya lo sabes:
era tan solo el eco de tus pasos.
Tanto miedo
siempre
para nada.

(VIGESIMOSÉPTIMA FALANGE)

A veces me pongo el reloj de mi padre, cuando él se lo quita. Lo abrocho con cuidado sobre la muñeca, junto al mío, y comparo el ritmo de sus manecillas. Por cada hora que pasa en mi reloj, avanzan noventa minutos en el suyo. Deberías verlo: a primera vista parecen iguales, su tiempo y el mío, pero el de él se agota más deprisa.

(VIGESIMOCTAVA FALANGE)

Solo es hermoso el hermoso cuando alguien lo mira.

SAFO, FRAGMENTO

Escucho cantar a Chet Baker
mientras preparo la comida.
El modo
en el que desafía los principios
de las viejas lecciones de fonética:
dentales, fricativas, palatales,
velares y oclusivas. Todos
esos sonidos que hace con la boca,
más propios
de yonquis que de trompetistas.
Igual que Grant Achatz,
pero por motivos distintos,
también Chet Baker tuvo que aprender
dos veces
a qué saben las cosas.
Dijo
«Don´t count stars
or you might stumble».
Dijo
«All I did was wonder
how your arms would be».
Y mientras esperaba
tocó todas aquellas notas
tan
hermosas,
soplando despacito.
Pulsando los pistones suavemente,
como quien acaricia un cuerpo
bajo el agua.
Una noche de mayo
alguien lo convenció
de que era un pájaro.

(GRANDE)

Yo ya no sé quién soy.
Ni sé por qué ni có

(Vigesimonovena falange.
Autorretrato con monosílabos,
fragmento)

Para besar la frente de la jirafa hace falta una escalera.
Carlos Edmundo de Ory, en *Los aerolitos*

Es como en esa escena terrible de *El desencanto* en la que Felicidad Blanc lleva una camada de perros recién nacidos dentro de una caja. Se dirige hacia el río, donde pretende matarlos arrojándolos al agua. Antes, sin embargo, se ha molestado en hacerle unos cuantos agujeros al cartón, en la parte de arriba de la caja. Para el viaje. Para que puedan respirar, dice, mientras tanto.

(**Piramidal**)

En la sombra de qué pájaro sentiste que volabas. Cómo se cae al suelo desde el suelo.

(Parietal, fragmento)

Otros hombres, hace más de cuarenta mil años, dieron forma a los primeros instrumentos musicales de la historia, horadando un puñado de huesos. Desde entonces, esas pequeñas flautas no han dejado de sonar, amontonándose debajo de la tierra. Serenata de huesos. A eso suena el mundo.

Los soles pueden salir y ponerse;
nosotros, tan pronto acabe nuestra efímera vida,
tendremos que dormir una noche sin fin.

CATULO, EN *BESOS PARA CATULO*

Agradecimientos, cosas:

Como todos los libros, *Serenata de huesos* también cambió de aspecto en numerosas ocasiones. El que luce ahora, en tus manos, debe mucho a las lecturas atentas y generosas que Alberto Chessa y Vicente Cervera realizaron del manuscrito cuando todavía andaba poniéndose guapo. Ambos aportaron ideas que, sin duda, mejoraron el texto inicial. Así que el primer agradecimiento es para ellos.

Por otro lado, Luis Miguel Sánchez me señaló el camino de baldosas amarillas que llevaba hasta la puerta de Olé Libros, que yo me apresuré a recorrer con la emoción de las primeras veces. De modo que el segundo agradecimiento es para él y, consecuentemente, también para Olé Libros y Toni Alcolea, quien (sin conocerme) me abrió las puertas de su casa como quien se las abre a un sobrino al que hace mucho tiempo que no ve.

Me alegró mucho que Luis Alberto de Cuenca encontrara el modo, como siempre, de escribir unas hermosas palabras como prólogo para este libro, haciendo brillar nuevamente nuestra amistad. Deberíamos frecuentarla más. Para él es mi tercer agradecimiento.

Y, aunque ya no es preciso que lo diga, quiero repetir una vez más que nada de esto sería posible sin Raquel, Inés y Laura a mi lado.

Finalmente, me gustaría dedicar algunos poemas, de forma concreta, a algunas personas. Imagino que cada una, cada uno, sabrá por qué. Son, en el orden en el que aparecen en el libro, los siguientes:

«Húmero», a Alberto Chessa

«Ilion», a Andrés García

«Fémur», a Noelia Illán

«Temporal», a Joaquín Juan

«Quinta falange», a Isabelle García
«Pisiforme», a Antonio Aguilar
«Decimocuarta falange», a Juan de Dios García
Las falanges decimosexta y vigesimosexta son para Laura Vidal
«Rótula», a Inés Vidal
«Temporal», a Vicente Cervera
«Navicular», a Rosa Cuadrado
«Grande», a José Óscar López, *in memoriam*
«Piramidal», a Eduardo Boix

A los demás, como siempre, muchas gracias por haber llegado hasta aquí.

Monóvar, primavera de 2025

ÍNDICE